JN438352

모래알 하나가

이 상 엽 제2시집

도서출판 천우

모래알 하나가

이 상 엽 제2시집

● 시인의 말

청포도 마음을

청포도 한 그루 심을 땅
한 뼘 없이 아파트에 산다

그러나 마음에
청포도를 심기로 했다
색깔의 변함이 없는 열매를
익었다고 빨개지지도 않고
늘 파란 채로
상큼하게 익는 청포도 마음을

매일매일 물 대신 맑은 마음과
거름 대신 웃음을 주고
때로는 훌쩍훌쩍 울어도 주며
정성 들여 키워보았다
삼 년여 기다린 보람 있어
몇 송이 알차게 익었으리라
수확해 맛보려 하니
자못 어떨까 궁금해진다

2017년 2월

이상엽

제1부

나 혼자 가는 길

제2부

하얀 불꽃

제3부

목련꽃 앞에서

제4부

간밤에 흘린 별빛

제5부

빛과 그림자

제1부

나 혼자 가는 길

천하를 보네

산은 묵묵히
사방 어느 쪽을
바라보고 있을까
듬직한 바위에 올라앉아
내가 바라보는 쪽을
바라보고 있을 것이다
옆에 늘 푸른 소나무도
말없이 서로 의지하며
바람에 흔들리어도
십 년이 가고 백 년이 가도
이 자리를 지키며
여기 찾아오는 이에게
자리를 베풀어 주니
내 오늘 천하를 바라보네

나 혼자 가는 길

등산길을 잘못 찾아들듯이
나 혼자 가는 길은 방향일 뿐
세상살이도 그러하게
상상에 이끌려
길이 아닌 길을 갈 때가 있다

같이 가자 할 사람도
누가 있어 고집할 것도 없이
외롭고 고독해 보여도
따라서 반겨지는 자연이 스스러움에
나 혼자 가는 길은 내 길일 뿐

가고 또 가다 보면
내가 아닌 나를 만나게 되고
새롭게 눈을 뜨고 보면
하늘과 땅의 아름다운 품 안에
내가 있음에 내 길을 간다 하리

온갖 바람 불어대
만 가지 사물이 꿈틀거리고
물결치듯 흔들어대는 세상 속에
자연의 순수함에 감동하면서
길 아닌 길에서 드디어 길을 만났다

비바람이 나에게도

바람은 바람일 뿐인가
보이지도 좀처럼 잡히지 않는
해마다 새로워져 불어오는 바람을
다잡아보려 집을 나섰다

험한 등산길 바위 위에
작은 소나무와 마주 앉았다
어떻게 여기에 자랐냐고
묻노니 네가 먼저냐
흙이 먼저냐 물었다
대답은 선대가 떨군 솔잎이라 했다
그래 누구나 분명 역사가 있겠지—

비바람에 떠내려가던 솔잎 하나가
배꼽처럼 패인 바위잔등에 걸리니
뒤따르던 풀잎 솔잎 따라 엉겨 잡고
흙모래도 떠내려 오다 힘을 보태니
한 뼘 흙더미가 생겨나고
풀씨 솔씨 바람에 실려와
뿌리 내려 오늘에 이루었다 하네

그래 그래
한 뼘 토양이 문제지

사군자(四君子)

매사에 꽃잎 같지 못할 것을
시작과 끝이 향기만이던가
일찍이 눈 속에서 차갑게
매운맛을 알고 핀 꽃

한결 곧은 잎을 내세워
혼자 기차게 고결(高潔)함으로
만 가지 탐하지 않음에
굳이 별빛 향 기리리

후덕함이 배어 있는
모든 이에게 훈훈함 풍겨주는
꽃송이를 가슴에 안기고
안개 말리는 가을 햇살 등에 지고
걸어가는 마을길

늙어서도 대나무같이
곧은 지팡이에 의지하고
소슬바람 스쳐 가며
스스로 군자(君子)라고
절인(絕人)이라 불러주리

심지

마음속 심지의 불꽃이
모진 돌풍에 꺼질 것만 같은
매일매일 찰나의 순간들이 미처
알아차리지 못한 채
실망스러운 여운을 안고
저녁노을에 물들이고

어둠의 장막이
나를 포박하고 억조이나
무슨 잘못이 있다고
돌아서서 문초를 받는
일상이 돼 버린 하루가
꺼지지 않은 심지를 확인한다

이명(耳鳴)

세상 굴러가는 소음에
귀가 마비되어 윙 소리가 나나 했는데
병원 문을 나서니 차 소리에
내 이명은 묻혀버리고

눈발이 부슬부슬 날리고 있다
하늘에서 대기의 부대낌이 있어
눈물이 눈으로 변한 운명이
지상에 내려와 어떤 만남이 이어질까

소리 없이 바람에 실려
길 위에 내린 눈은 밟혀 질척이고
가로수 나뭇가지에 달라붙은 눈송이는
당장은 꽃처럼 행복해 보인다

장차 내 귀는 어떻게 달라질까
아마도 조금만 들으며 조금만 생각하고
조금만 소리내면서 좀 천천히 가도
빨리 가지는 소리 들으리라

마음이 보배

꽃을 들여다보고 있노라니
마음은 열의(熱意)기로
꽃이 되고 돌이 되는
단단하기로 쓸모 있는
보배이고 싶어라

굳세기로 돌이지만
작기로 치면 조약돌이고
크기로 치면 산을 이룬 바위같이
우뚝 솟은 거봉이라
마음먹기에 달렸으리

꽃은 계절 따라 피고 지며
열매 씨앗으로 거듭나고
돌은 다듬을수록 새로워지는
쓰임새가 천재가 되는
귀한 존재가 되리라

이 마음 꽃일 수만 없고
돌일 수만 없이 일상 속에서
계절이 가져온 변화에 알차지게
돌 다듬는 마음으로
보배이고 싶어라

동짓날의 오후

석양이 드리워진 오후
하늘이 시퍼렇게 멍이 들었다
뿌려진 팥죽에 물이 들었나!
산 귀신 죽은 귀신 아닌
삐딱한 귀신이 있어 심통 부리나

강변을 헤매는 한파는
동장군에 내몰려져
구릿빛 물결을 이루어
강가에 부딪치고 부서지고

해가 바뀌는 이 겨울에도
낯익은 철새들이 몰려다니고
한가롭게 물속을 들락거리며
차가운 물살을 가르고 논다

강기슭에 홀로 웅크리고 앉아 있을
오늘의 강태공은 보이지 않고
분주하게 강변로를 달리는 자동차들뿐
내 시름의 입김을 한파가 낚아채 사라지고
한가히 노니는 물새들만 보이네

마음의 쉼터

누구나 바라는 바를 기대하며
언젠가는 들어주리라 믿으며
간절한 마음으로 인내하고
잘되기를 빌어본다

상 위에 돼지머리 올려놓고
경 읽듯이 되뇌이며
고사라도 지내면 들어줄까
움직여줄까
하루해가 길고도 짧다

바위 앞에 촛불을 켜놓고
움직여주기를 소원하듯이
가슴에 손을 얹고 빌며
기다려 보지만
강산이 대여섯 번 변해도
돼지머리는 돼지머리고
바위는 바위일 뿐
벽창호 같은 그림자 세상

한참 늦었지만 마음속에
차라리 내가 바위이듯

늘 푸른 나무 한 그루 심어놓고
그 아래 웅크리고 앉아
비바람 마다하지 않는
쉼터가 되어 보는 수밖에

헤어지고 나서

만나면 헤어지게 되고
헤어지면 또 만나게 되겠지
돌아서면 무엇을 담아갔을까
작별하고 난 후엔 언제나
미진한 감정(感情)이 남는다

서운하게 대하지는 않았는지
소홀하게 대접하지 않았는지
모처럼 만남이었는데
흡족함이 부족함으로
채워지지 않았는지

작별은 서운함으로 남아
그리움의 뒷모습이 보이고
기다림에 세월은 흘러가
또 만날 날이 채워지게 되면
그리움의 앞모습이 보인다

지구 반대편에 가 있는 친구나
가까이서 마음이 먼 친구나
스스럼없이 만나는 친구이든

헤어지고 돌아섰을 때는
바람 소리도 없이 잠시
흔들리는 나무가 된다

후회

그때 그 사랑을 잊어야 했다
안개 속에 달빛이 녹아내리는
촉촉한 이슬에 옷이 젖던 날을
가슴속 추억으로만 남겨졌으면

이제 와서 짝사랑처럼 기억되어져
마음 한구석 꽃송이로
쓸쓸해지면 들여다보는
아름다운 비밀이 되었더라면

많은 날을 힘들게 끌고 밀고 온
수레를 사이에 두고 마주 보는
주름진 얼굴에서의
떠올려지는 추억은 험한 돌밭길이라
오늘에서 절실하게 깨닫게 되는 것은
아름다운 추억은
이별이 가져다주는 선물인 것을
흘러가는 세월 속에서
무디어가는 사랑이 후회스러워지네

누드 그림

계곡물 흐르는 자연 속에
멱을 감는 여인의 누드에서
아름다운 생동의 빛을 본다
도시의 복잡한 거리에서
섹시한 미니스커트 차림의
여인들과 대조를 이룬다

청순한 한 떨기 야생화로
맑은 물에 담긴 알몸을
찰랑이는 물결이 다투어 포옹하고
비비대고 간질이고 물장난 치며
까르르 웃는 소리 들리는 듯
물 향기 풍겨지고

녹음 짙은 숲속에서
목을 내밀고 훔쳐보는 나뭇가지의
새들도 날아들어 날개깃을 쪼아대며
지저귀고 시샘하는
건들바람에 드러낸 가슴팍 가리듯
두 손 모아 물 구슬 끌어안았네

상(想)

365일 윗입술 아랫입술로
하늘과 땅 사이에 오만가지를
삼키고 뱉어내는 오늘날의 세상
우주 안의 한 개의 별로
영원히 존재할 이 땅에서
내 티끌만 한 가치가 무엇일까

세상은 양심과 흑심이 범벅이 돼
본성은 있었던가 싶게
점점 들끓는 거품에 밀려나
곰팡이 슬고 녹이 나
쇠꼬챙이처럼 말라가고 있는 신세

한때는 부푼 욕망을 터트리고자
분주하더니 이미 뇌관은 잠긴 채
한 번의 기회마저 망각 속으로
흘려보내야만 하는가

이제 와서 무엇을 위하고
어떻게 마지막을 정의롭게 살았다고
백골난망(白骨難忘)하다고
후회 없는 삶을 생각해보다니

눈물 1

한 많은 눈물을 참느라고
이 봄에 비마저 적게 내리나
참는 것이 아니라 메말라서이겠지

이제 6월이 다가와 숙연한
이런저런 사연들이 그리도 많아
줄줄이 서리 묻은 가슴에
한 송이 국화꽃 안기니 눈물이 나네

선거철인데 노란 리본 하나 가슴에 달고
선거를 치른다고 분주하다
또 입방아가 홍수를 이루겠네

날씨야 어떻든 민심이야 어떠하든
선거철만 되면 후보들 간에
남 탓은 있고 제 탓은 없이
온통 나라를 헐뜯고 상대를 헐뜯는다
이런 것이 민주주의인지
이렇게 하는 것이 자유를 누리는 건지
왜 믿어지지 않을까
메마른 눈물을 삼키게 되네

갈매기 가슴

고독이 몸부림칠 때면
날개가 파도가 되어
바다를 뒤집고
파도타기를 그리듯이

어느 날
일상의 날들이 무료해
욕망의 날개를 펴 보고자
산을 찾아 나섰다
땀을 흘리며 숨을 몰아쉬면서
보다 더 하늘 가까이서
갈매기 가슴을 열어보기 위해
산의 정상에 올라야 했다

하늘은 어느새 손짓을 하듯
등 떠미는 저녁노을은 기울고
슬며시 어둠이 다가와
아쉬운 대로 날개를 접고
심해의 방 안에 들어서면
어느새 고독이 자리를 펴고
그리움의 넋이 찾아와 있었다

제2부

하얀 불꽃

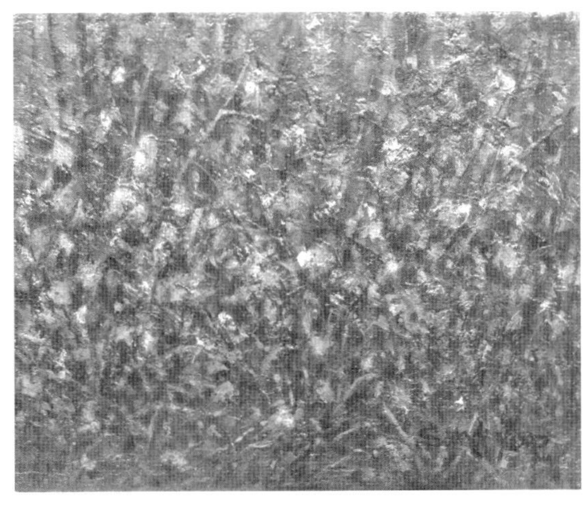

하얀 불꽃

눈이 마주치기만 해도
벌이 날아들어 쏘인 것처럼
얼굴이 빨갛게 달아오르고
온몸이 마비된 듯
하얀 불꽃이 일어나
돌아서면 어이없는 부끄러움에
꽃바람에 놀림을 당했다

그 파란 시절
따스한 햇살이 안겨주는
싱그러운 꽃향기에 취해
만남의 시간이 기다려지고
지나치고 거른 날이면
하루해가 지루했다

애틋하고 풋풋하던
젊은 날의 하루하루
사랑의 단꿈을 꾸던 시절에서
이제 멀리 흰머리 이고 돌아와
한 그루 배꽃이 활짝 핀 마당가에서
우윳빛 속살이 비치는 꽃잎 야들야들
연두색 향기 풍기는 화사한 이 봄에
그 하얀 불꽃이 생각나다니

은행나무처럼

사랑이라는 것이 별것인가
은행나무처럼 서로 마주 보다 보면
멍울진 자잘함이 피는지 지는지 모르게
계절을 타고 오간 정이 열매를 맺는다

서로 좋은 감정이 조금씩 쌓이다 보면
세상살이 같이 고민도 하게 되고
너와 나 사이가 달구어져
사랑의 향기로 서로를 얽어놓는다

오감을 통해 애욕의 부싯돌이 되어
마른침을 돌돌 말아 삼키며
불꽃이 당겨지면
드디어 사랑의 용광로가
활화산이 돼 정염을 사르고

결과는 붉은 노을빛을 안고
샛노란 은행잎 밟고 서서
다닥다닥 열린
인고의 낱알을 바라보는 거지
사랑도 사랑 나름이겠지만

구절초 한 포기

우직하기만 한 바위가 쓸쓸히
돌무더기에 묻힐까 저어하여
구절초 한 포기 피어나 있네

천년만년 비바람에 깎이고 시달려도
버티고 앉아 있을 돌부처임에 스스로움이
그대 이름은 언제나 바위
바위일 수밖에 없어라

어쩌다 내 여기 인연 지어져
지나치며 던져진 돌무더기에
바람소리 새소리 물소리 들으며
솔 향기 속에 한 포기 꽃으로
그대 마주 보며 피어나 있을까

운명이라 하기엔
바라보는 일상 속에서
왜 이리 사는 것이 무겁기만 한지
가는 세월 잊고자
한 포기 구절초로 피어나 있네

달빛이 가슴에 안겨

달빛이 가슴에 안기는 이 한밤
안개처럼 고독이 숨어들고
둥근 달이 잠시 창틀에 머물며
모두를 위한 정(情)을 나눈다

어둠을 비집고 내려앉은 달빛이
단꿈을 꾸거나 고달픈 꿈을 꾸거나
모두에게 축복을 내리는데
왜 이리 쓸쓸한 연민의 정이 흐르나

이 밤에 한 번쯤 돌아누우며
고단한 몸 이불깃을 감싸며
따스한 체온을 감지하고
세상모를 달콤한 꿈을 꾸는데

이 한 사람은
방바닥에 내려앉은 달빛을
마주하다 꿈결 이고
서산 위에 떠 있는 새벽달은
해맞이를 하고 있었다

사랑은 밥맛이던가

삼시 밥상을 대하지만
마주한 두 눈이 젓가락이 돼
마음속 사랑의 상차림에서
맛 나는 말 한 마디를 집어본다

매일 주고받는 젓가락 소리에
일상화 된 무 답이 대답이 되어
허기진 마음을 채워주지 못한다
혼자 아니면 이런 밥상은 없겠지만

사는 것이 매끄럽기만 하다면
스트레스라는 자극제도 없을 것이다
음식에 양념이 필요하듯이
무슨 소리를 내든 내야 사는 것 같은데
사랑의 밥상에서 젓가락 소리를 잘 내야 한다

매일매일 부지런히 힘을 내어
삶의 시간을 당기고 밀고 가느라
쌓인 고달픈 허기를
사랑의 밥상으로 채워야 한다
그래서 사랑은 밥맛이던가

사랑의 그림자

언제부터인가 그리움이
고독의 그림자에 밀려나
사랑의 그림자 보이지 않았다

파란 하늘에
동경(憧憬)의 시선이
흘러가는 조각구름에
마음 한 짐 실어 보내고자
힘겹게 산을 오르내렸다

한세월 들뜬 열기 속에서
삶의 성숙함이나 미숙함이
어느새 가을 늪에
억새풀 하얗게 꽃이 피듯이
나부끼는 바람에
내 흰머리도 날리고

계절의 뒷모습을 보는 듯
붉은색 황금색으로 물들인
노을빛을 가슴에 안고
쓸쓸히 고독의 그림자 밟고 서서
엇나간 빛을 바라보고 있다

사랑의 계절

빨간 입술에
첫 키스가 그러하리다
새큼한 단물이 입안 가득히 고이고
윙크하듯 살짝 한 눈이 감기는
봄 햇살이 담긴 딸기 향에 취해본다

생동하는 온누리가 꽃동산이고
집 주위가 꽃밭이다
화사한 풍경이 가볍게 춤을 추고
나들이하는 마음 들뜨게 한다

과실수 꽃잎 지고
파릇한 잎이 다투어 피어나
한겨울 뜸했던 새소리 힘차지고
갖가지 꽃향기에 날아드는 벌 소리
하루해가 분주하다

종달새 소리 하늘 높이 우짖고
밭갈이 논갈이 농사일 바빠지는데
밀밭 보리밭 봄바람이 살갗을 스치고
쑥 냄새 푸성귀의 향이 짙어지고

텃밭에 빨갛게 수놓은 딸기에
풋마늘 상추가 식욕을 돋우고
입안에 침이 고여 기가 솟는 봄
울타리 장미 꽃봉오리 한껏 부푸는
사랑의 계절 햇살이 곱다

파란 도라지꽃 한 포기

한여름 바닷가 해수욕장에
인파의 물결이
파도를 뒤엎을 듯이
흥청대는 인산을 이루고

작열(灼熱)하는 햇살에
늘어진 나무 그늘 드러눕고
졸음에 겨운 낮잠을
설치게 하는 매미 울음소리
목청을 높이는가 싶었는데

어디서 험악하고 사나운
이름도 낯선 볼라벤이라는
태풍이 몰려와 온 세상 난리를 치고
농사를 망쳐놓아 실망스러웠는데
어느새 여름이 가고 가을이 왔다

자연은 사람들에게
줄 것만 주는 것이 아니기에
겸손해질 수밖에 없는데

가을을 재촉하는 수선스런 바람은
햇빛을 붙들고 추색을 흔들어
얼마만큼의 알갱이를 드러내고

가을 중추절이라
성묘하기 위해 산에 오르니
봉분(封墳) 앞에 도라지꽃 한 포기가
그 비바람 속에서도 푸른 하늘을 이고
몇 알의 씨앗을 배고 파랗게 피어 있었다

버들개지

따스한 햇살이
버들개지에 내려앉아
살얼음 핥으며
흐르는 개울물 소리에
귀 기울이니
도란도란 이야기가 있네

해가 지도록
밤이 새도록
이야기 들어주다
버들개지 그만 머리가 셌나
또 눈썹도 하얗도록
밤을 새고도
이른 아침 봄 마중한다

어디쯤 왔을까
햇빛을 바라보는
눈시울 솜털로 가리고
꽃인 듯 몽우리 지어
물소리에 귀 기울이니
봄소식 저만치 들리네

하얀 앞치마

햇빛이 저리도 고울까
보시시 웃는 모습
낭랑(娘娘)한 소녀의 보드라움이
반들반들한 장독대 항아리에 비추고
사춘기의 야릇한 감성이
숨어드는 봄 햇살이 살갑다

풀 먹여 빳빳이 다려 입은
하얀 앞치마가 사각사각 소리 내고
장항아리를 감싸 안은
날렵한 빨간 손 끝에
젖은 물수건이 햇빛을 닦아낸다

마당 한 귀퉁이 빨랫줄에
옷가지를 내걸어 놓느라
발뒤꿈치 들어 올린
잘록한 허리를 동여맨 앞치마가
팽팽히 긴장을 유발하지만
빨랫줄은 능글맞게
두 손을 붙들고 춤을 추자 한다

오늘따라 창가에 드리운 햇살이
추억의 사춘기를 불러냈다

자부심

— 대나무 숲

하늘을 향해
속을 비워야만 쓸모 있는
재목으로 클 수 있나 보다
마디마디 견실한 대나무들

비워도 채워지는
무엇이 있기에
성가시게 흔들어대는
바람의 끈을 잡고
하 세월 춤도 아니게 흔들린다

쓰러질 듯 비틀거리지 않고
계절을 탓하지도 않고 오로지
푸른색 간직한 날선 잎새들
비움의 자부심인가 보다

이끼 낀 바위

언제든 흔들리는 저 나무들
때로는 광풍에 휩쓸리어
뿌리까지 땅 위에 드러내 보이면서도
반만년 이어온 이끼 낀 바위 앞에서
모질게 꺾이며 자라온 저 소나무들이
오늘도 바람에 흔들리고 있네

무모한 바람에도 시달리며 흔들리는
여리고 고지식한 무리의 숲이 희생하며
끈질기게 뿌리내려 이어져 오늘에 이르렀는데
언제까지 흔들고 흔들릴 것인지
저! 소나무들 가슴에 손을 얹고
나는 어떠하였는가를 좀 생각하게 한다

이끼 낀 바위 아래 샘물은 마르지 않아
다행이도 자생하는 산천초목은 푸르러
온 누리가 초록빛 물결인데
세계화의 물결 따라 낯선 문물이 몰려오고
피부색이 다른 사람들도 섞이니
생뚱해 보이는 문화가 접목되어져
단일민족이니 예의지국이니 하는 우리다움은
비빔밥처럼 버무려져 입맛 다시게 되고
세계화의 바람에 흔들리고 있네

바람이 저 혼자 소리 내나

녹음방초(綠陰芳草)가 엊그제 같은데
바뀐 계절의 옷차림이 너무 화려해
가을바람 제 혼자 신이 났나 심통이 났나
우수수 단풍잎 떨어지는 소리 스산하다
계곡 물소리는 힘차지고 온 산골짜기는
원색의 장막 속이 돼 들뜨게 요동친다

한여름 흰 구름 먹구름이 뒤엉켜
몰아 숨 쉬며 내뱉은 태풍이 파도를 타고
비비댈 언덕을 찾아 산에 오른 저 바람
숲속을 휘저어 나뭇가지에 단풍잎 털고
자연은 봄날을 기약하고
미련 없이 색깔을 지워낸다

태양은 계절에 맞추어 푸르게도
환한 밝음을 주어도
심술궂은 바람은 조각구름마저
비껴나게 하다가도
어디서 모진 비바람을 몰고 와
한바탕 소란을 피운다

시도 때도 없이 부는 바람
계절 따라 변덕을 부리면서도
더불어 자연이 이는 바람이라고
제 혼자 불어대고
제 혼자 소리 낼까

가을은 겸손함인가

저렇게 화려한 빛의 조각들을
미련 없이 내려놓다니
그저 날려버리다니
사르듯이 스스로 말리고 부서지는
단풍이 바람에 부산 떨며 낙엽 져도
자랑스럽게 하늘을 향해
고개를 드는 나무 냉정함인가

한참 푸르러짐도
한여름이었고
울긋불긋 아름답게 물드는 것도
가을 한철이었음에
성숙함도 화려함도
씨알 하나 남기기 위한
잠시 빛깔이었구나

계절 따라 놀아난 이파리들
바람에 떨어지고 난 자존심인가
가지 끝에 매달려 있는 미련
색 바랜 단풍잎 하나하나
성가신 쭉정이 밤송이 하나까지
스스로 떨어져나기를 지켜보는
가을은 겸손(謙遜)함인가

겨울나무

훌훌 벗어버렸다
바람을 덜 받기 위함인가
바람을 피할 수는 없는 일
차라리 시원하게 비껴주는 셈

제자리를 지키기 위해
허리를 흔들 줄도
달려드는 눈비를
맞을 줄도 알아야 하기에

엄동설한 속에 불 지피고
아랫목에 엉덩이를 붙인 채
두 손을 깔고 앉아
무심을 익힐 수만 없어

계절 속으로 알차지게
뿌리를 뻗어 내리고
사방에서 불어닥칠
새바람을 맞아 정신 차리리

일찌감치 뻗은 가지 끝은
변신할 채비를 하고
눈망울을 간직한 채
인내심을 키우고 있다

건들바람

창밖에 나뭇가지를 건드리는
낙오(落伍)된 건들바람 한패가
열린 창문을 밀고 들어와
찻잔을 감싸 쥐게 하고
오늘따라 오감(五感)을 달갑게 한다

밖에 지나가는 차 소리와
라디오에서 흘러나오는 음악소리
하늘을 날아가는 비행기소리
소리소리 잡소리 끼어들어
무려한 공간을 채우고

혹시나 반가운 손님 기다리듯
창밖을 내다보니
몰려다니는 건들바람이
노랗게 물들어가는 단풍잎을
성가시게 건드린다

뻗선 나뭇가지 끝은 기운차게
파란 하늘을 응시하고
무르익는 가을을 재촉하는
햇빛을 부채질하듯 건들바람이
시원스레 창문을 스쳐 지나가네

잡초 2

— 잡초라 해도

산과 들에 푸르게
녹색 바탕에 한몫하는
풀뿌리 운명이라 하자

흔히들 삶의 터전에서
쓸모없는 잡초라고
뿌리째 뽑아 내동댕이쳐져도
질기게 살아남는다

생명에 충실하기 위해서일까

어디서든 이름 없는 풀씨라 해도
녹색 바탕에 운명의 옷을 입고
무게 없이 살아가는 잡초라지만
자연은 내 살 곳을 나눈다

환절기마다 적응하는 인내심이
비바람 몰아치는 악조건 속에서도
기어이 살아남아 씨앗을 뿌리는
좌절을 모르는 잡초라 하겠다

딱 이 보이는 것

어느 날
손등으로 햇빛을 가리고
맑고 푸른 하늘을 바라보았다
아! 저리도 깊고 너른 곳에
딱 이 보이는 것은
지극히 평화로움이라
그 속에 빨려들고 싶어라

어느 날
밤하늘을 넋을 놓고
반짝이는 별을 보았다
아! 저렇게 많은 별 중에
골라 볼 수 없을 만큼
아름답고 신비한 것을
가슴마다 새긴 별 풀 길 없어

오늘날
사람 사는 지상에는
어둠의 그림자가 불꽃에 묻히고
진동하는 아우성소리에
질세라 웃음꽃을 터트려대니
어리둥절 놀라게 한다

불꽃이 별빛을 가리고
하늘을 가린 휘황찬란한 장막 속에서
미친 듯이 춤을 추는 것을
온 세상이 지켜보았다

* 리우올림픽 개폐식을 보고.

반딧불

한차례 휩쓸고 지나간
여름 장마 끝에 흙냄새 풍기는
밤길을 수놓는 반딧불
반짝이는 별이 흘린
한 점 파란빛인가
시야를 스치고 사라진다

내 어렸을 적에
흔히 보던 반딧불
손바닥에 올려놓고
손금을 비춰보며
하늘에서 떨어진 별빛인 양
신기해했다

한 점 형광 물질에 지나지 않는
개똥벌레 반딧불이 요즘에는 귀하게도
좀처럼 잘 눈에 띄지 않는다
밤낮으로 번득이는 신호등과
온갖 휘황찬란한 불빛 속에 살아가는
오늘날 형설지공(螢雪之功) 이야기는
스마트폰을 들여다보는 어린이도
실감 나지 않으리라

제3부

목련꽃 앞에서

목련꽃 앞에서

간밤에 내린 봄비에
한겨울 이겨낸 하얀 목련꽃이
소박한 웃음을 머금고 피어 있다
어쩌다 바람에 떨어진 꽃잎 하나는
햇빛을 삼키며 울고 있네요

울컥 그리움으로 다가선 목련꽃이
땀이 밴 무명옷 팔소매를 걷어 올리고
호미자루 들고 텃밭을 일구시고
하얀 옥양목 치마저고리에
검정 고무신을 신고 나들이하느라
문밖 나서던 어머님 모습이 떠올려집니다
옷매무새 매만져보시던 아! 보고 싶어라
이제는 살아서는 볼 수 없음에
한스러움이 운명이라 하기엔
가슴 찢어지는 아픔이
맑은 하늘에서 눈물이 쏟아집니다

북녘 하늘을 가슴에 묻고
남쪽 하늘 아래서 한없이 그리워하며
목련꽃 앞에서 또 빌어봅니다
얼어붙은 남북이 살얼음 녹듯이

언뜻 풀려 통일이 되었으면
간절히 소원해봅니다

하얗게 무리지어 피어 있는 저 목련꽃이
백의의 물결이듯 온 누리에
통일이 되어 만세 부르는 모습으로
번져오는 환희를 그리며
눈시울에 고인 눈물을 닦습니다

누룽지

아침 신문을 보며
주방 밥솥에서 들려오는
칙칙 기차소리에 몸을 싣고
아스라이 옛 고향 시골집 가마솥에
누룽지 생각이 떠올려진다

방바닥 따스해진 잠자리에서
멀리서 들려오는 기차소리 들으며
비몽사몽 꿈을 꾸는데
문 여닫는 소리와 동시에
싸늘한 공기가 얼굴에 확 뿌려지고
이제 일어나야지 하는 목소리에
눈 비비며 시계를 쳐다보고는
주섬주섬 일어나 세수를 한다
서둘러 학교 갈 준비를 끝내고
밥상을 비우고 일어나며
어머니 누룽지— 하고는 잽싸게
부엌으로 나가 누룽지를 한 입 떼어 물고
튕기듯 책가방을 들고 문밖을 나서던
그때 그 시절이 그립다

이제 기차가 도착했나
갑자기 치— 하는 소리가 조용하다
밥이 다 되었나 보다
오늘 아침에는 커피보다
구수한 숭늉 맛이 좋을 것 같다

어느 날

어느 날 청소년 시절
푸른 하늘을 날고 싶었다
종달새처럼 노래하며
밭고랑에 둥지를 틀고
알을 낳아 햇빛을 품어
병아리를 키우듯이
푸르게 살고 싶었다

어느 날 그 푸른 날개를 접은 채
65년이 지나도록 타향 하늘 아래서
언제 터질지 모르는
억지풍선*에 매달린 채
허구한 날 미로 속을 헤매고
발버둥 치는 꿈속처럼 어처구니없는
눈물을 삼키며 세월을 살아야 했다

어느 날 중추절(仲秋節)이 다가와
달빛이 가슴을 후비듯 비추니
귀뚜라미 소리 심금을 파고들어
고향을 향한 날개는 처지고

벌레 소리 바람 소리에
그리움에 사무친 눈물은 젖고
애절한 밤은 깊어만 갔다

* 억지풍선 : 휴전선을 가리킴. 억지풍선이 폭탄이 되지 않기를….

보름달만 보면

저! 보름달만 보면
둥글게 채우지 못한 가슴에
휑하니 밤바람이
아리게 스쳐 지나갑니다

아! 아버지, 어머니
얼마나 서로 그리워하는 달밤이었으며
또 얼마나 저 달빛을 향해
얼굴을 떠올렸을까요
꿈속에서도 간절히 그리워했을
어머님이 차려내신 밥상을
끝내 다시는 못 받아보시고
저! 달빛 속으로
쓸쓸히 세상을 떠나가신 아버지
어언 45년이 지났습니다

아버지!
음력 9월 보름이면 아직도
이쪽저쪽 산자락에서
서로 저 달빛을 바라보며
그리워하지는 않겠지요

변해가는데

변하지 않는 존재는 없는 것인가

늙는다는 것은
변해간다기보다는
정신적으로 거듭나는 존재로의
허물이라고 생각하고 싶다
두 마음이 한 마음으로 얽혀 살아오면서
모질고 섭섭해도 연민(憐憫)의 정이 쌓여
심신에다 눈과 귀까지 모두 변해가는 것에
구석구석 신경이 써진다

이런저런 속마음 내려놓지 못한 채
다람쥐 쳇바퀴 돌리듯 일상인데
세상은 하루가 다르게 변해가고
인간사는 복잡하게 얽혀만 간다
보다 내일을 좋은 쪽으로 기대하지만
이마에 주름살은 짙어만 가고

곁에서 흘러나오는 한숨소리
줄줄이 독경(讀經)이거나
염주 알을 세는 거라면
부처님 얼굴이 떠오를 테지만
끝없이 새어나오는 부정(否定)의 샘 소리
들리느니 아이고 죽겠네

피맺힌 눈물

일요일 아침나절 잠시
TV에서 피맺힌 영상물을 보았다
눈가에 이슬처럼 눈물이 맺히고
가슴속은 부글부글 끓어오르고
65년 전 전쟁의 상흔이 생생하다

무엇을 위한 전쟁이었으며
누구를 위한 전쟁이었더냐
나라와 백성들 몸과 마음을
갈가리 갈라놓은 무모한 전쟁의 장면들
솟구치는 눈물을 흘리게 한다

그때에 헤어진 보고 싶은 얼굴들
아스라이 멀어져만 가고

이제는 너무도 멀리 와 있어
돌아갈 수도 만나볼 수도 없이
기나긴 세월 장벽에 가로막혀
어쩔 수 없는 간절함을 삭이며
아직도 피눈물을 흘려야 하다니

철없을 때 한없이
받기만 한 부모님의 사랑을
이제 그 은혜 갚을 길이 영영 없으니
누구에게 이 안타까움을 하소연하리

쥐어짜듯
이 애끓는 가슴 아픔을 어찌하랴
이미 세상을 떠났을 얼굴들
아! 잊으려 해도 잊을 수 없는 간절함이여

고독한 궁리(窮理)

고독이 숨어들면
바람소리
시곗소리
심장 박동소리마저
나를 포박하는 것 같다

숨을 몰아쉬며 흐르는 시간을
함께하기 위해
부스럭대며 신문을 보거나
책갈피를 넘기며
고요 속에 빠져든다

톱니바퀴처럼 맞물려 돌아가는
따분한 생각을 멈출 수 없어
푸념하면서도 또다시
윤활유를 찾아 나서는
삶의 수레를 굴릴 궁리를 한다

늘 그렇듯이
언뜻 밀려드는 고독한 생리가
살아 있다는 심장의
두들기는 소리로 들을 수밖에 없는
밤은 깊어만 간다

하나의 달과 별

한 해의 끝자락 석양빛은
상가 진열장 유리창에 잠시 머물고
반짝이는 X-MAS 장식을 빛내며
조용히 저물어가고 있다

한낮에 하늘을 녹여주던 태양이
얼어붙은 어둠 속으로 자리를 펴고
수락산 준령이 병풍처럼 드리워져
청학리를 품에 안았다

차가운 초저녁 밤하늘엔
초승달이 자리를 잡고
몇 걸음 나앉은 자리엔
어미 품을 떠난 하나의 넋인가
창백한 별 하나가 바들바들 떨고 있다

못다 이룬 간절한 사랑이
아득히 별이 되어 돌아와
검푸른 구름 장막을 밀어낸 자리에서
저 달만을 숙명처럼 바라뵈는 것이
헤어진 부모 자식 같구나

동생의 49제에 부쳐서

불당의 목탁소리
인생의 허무함 일깨우고
모두가 공허함으로
저만치 떨어져가는구나

이제 마지막 고해를 건너
영원한 안식을 향해 떠나가는
쓸쓸한 뒷모습은 없어라

윤회(輪廻)의 반환점에서
따스한 햇살은
어김없이 봄빛으로 다가와
법당 앞 들판 언덕에 풀잎 눈뜨고

나뭇가지에는 한창 몽이 부풀어
꽃이 피고 잎이 피려 하는데
마지막 가는 너의 모습을
공중에 메아리 소리로도
한마디 붙들 수 없고
부디 잘 가라!
저세상 가서는 편안하라고
마음속으로만 되뇌어 보누나

방구들

— 온돌방

방구들은 부모님의 손바닥이었다
한겨울에는 따뜻했고
한여름에는 땀을 식혀주는
서늘한 냉방이 되어주었다

모깃불 피워놓은 마당에
평상(平床)이 되어지기도
그 위에 드러누워 밤하늘에 별을 세다
잠들면 단꿈을 꾸었지

철 따라 날씨 따라
구들의 온기를 자세(仔細)하게도
여름 장마철에는 아궁이에 불을 지피어
눅눅함을 덜어주던 그 손이 그립다

지금은 불을 지필 아궁이도 없고
불을 지피던 부모님 손길이 없는
아파트에 살면서 가장으로서
사랑의 방구들이 되어주었는지
손바닥을 들여다보게 된다

노심초사(勞心焦思)

손녀딸이 태어났다
집안에서 아기 울음소리가 얼마 만인가
찜통같이 무더운 여름 작은 방에서
야멸치게 자기 소리를 내
응아 하고 울어댄다

젖을 달라는 소리인가
불편하다는 소리인가
온 식구가 동원되고
천사의 향기 가득한데
이 할아버지가 무지한 생각을 해
고생을 시켰나 보다

출생한 지 20일밖에 안 된 갓난아기라서
아무리 찜통 같은 더위라 해도
배 속에 들어 있을 때 체온에 비하랴 싶어
너무 서늘하면 탈이 생길 것만 같아
감싸주고 덮어 주어야 한다고 했다

한여름에 갓난아기는 계속 울어대고
어디가 아픈가 싶어 식구들은 안절부절
애 어미는 조바심하며

아기 달래보느라 안간힘이다
그러나 땀띠가 나고 더위를 못 이겨
그렇게 자주 울어대는 것을
미처 못 알아본 것이다
참으로 미련한 생각을 해
갓난아기를 생고생시켰다

옛날 내 어렸을 적에
어머님이 동생들을 낳으면
아기가 찬 바람을 쏘일까 봐
문을 꼭꼭 닫고
아기를 포대기로 감싸서
누이곤 하였기에
추운 겨울도 아닌데 쓸데없이
내가 노심초사하였구나
사랑스런 내 손녀딸아 미안하다

저! 사람

저! 눈가에 잔주름이며
손과 무르팍 마디마디
퉁퉁 부어오르고
하루가 다르게
구부정 휘어지는 등허리며
바래진 흰 머리카락이
방바닥 구석구석 구르고

머리카락 빠진 정수리에서
무엇 하나 들여다보지 못하고
마음 하나 제대로
읽어내지 못하면서
자고 남은 세월만 긋고 지운다

오늘도 옆에서 들어야 하는
한숨과 아이고— 소리와
저! 사람의 걸음걸이며
변해가는 그림자를 살피고
삶에 얽힌 마음 하나 풀어
웃음 짓게 못하면서
쓸데없이 한숨만 삼킨다

연분홍 물결

신선이 머물다 간 자리
멋스러운 소나무 등지고
천년만년 버티고 앉아 있는 바위 아래
소리 내 물이 흐르는 산골짜기며

곳곳에 선녀가 남기고 간 옷자락
향기 가득 번지는 연분홍 물결
옛날 옛날에 이름하여 진달래라 했나
티 없이 맑고 화사한 선녀의 웃음보를 보네

진달래 그녀 앞에 마주 서면
동공(瞳孔)이 그대 가슴에 머물고
향기 가득 꽃술에 한 마리 나비가 되고
신선이 되어 꽃향기에 취해 보나

산자락 아낙네들의 꽃바구니에
가득 웃음꽃이 채워지고
밥상에 꽃 떡을 올려놓으니
선녀의 웃음꽃이 온 동네 퍼져나네

산(山)과의 약속

산이 날 부르는 것 같아
집을 나서니 발걸음은
어버이 찾아뵈러 가는 기분인데
비나 눈이 오려는지
날씨가 변덕을 부린다

산을 오르다 보니 이마에 땀이 나고
시원한 물기 어린 바람이 스친다
안개 낀 세상을 내려다보고
가까이 하늘을 올려다보라고
듬직한 바위는 등을 내어 놓았다

산과의 약속은 마음에 자리를 잡고
늘 기다려주고
부담 없이 맞아주는 부모 같은
자주 못 가면 서운해지는 마음에
오늘도 산에 올랐다

산은 말이 없어도
생명줄을 이어놓는다
맑은 공기와 맑은 물
또 맑은 향기를 내주고

갖가지 열매가 열리고 묻혀 있어
모든 생명을 품어주는
거칠어도 절절한 사랑이 배어 있는
어버이의 손바닥 같은 품 안이다

선인장 3

오늘 아침 베란다에
선인장 꽃 한 송이
햇살을 삼키고 토해내듯
불꽃처럼 환히 피어 있다

고집스럽게 줄기만으로
오직 위만 바라보면서
무엇이 그리도 못 미더운지
온몸에 가시로 무장하고
365일 변함없이
인내한 보람으로 꽃 한 송이를
보란 듯이 터트렸다

비록 아침에 피었다가
저녁에 붉게 노을 지듯
하루살이 꽃이라 해도
꽃은 꽃이요 희망이고
백일홍 꽃도 희망은 한 가지
인생살이도 희망일 뿐

소나무 1

사시사철 소나무가
성가시게 부는 바람을 붙들고
즐길 수밖에 없듯이
곁에 바위가 그런 소나무를 사랑하고
또 그 바위가 좋아서 틈새에 자리 잡은
싸리나무도 자잘한 꽃을 피우며 산다

삼위일체(三位一體)이듯 더불어
험준한 산을 아름답게 수놓는다
이에 시샘하는 엄동설한이
눈발을 날리면
서로 마주 보면서 눈꽃으로
불어대는 북풍을 맞으리라

그렇게 일체가 되어
봄이 오기를 기다리는데
사람 사는 사회는 일체가 아쉽기만 하다

이슬이 담긴 물 항아리

유유히 흐르는 한강
이제는 이슬이 담긴
파란 하늘을 품은
물 항아리로 고이 흐르자

백두대간 산줄기에서
알알이 방울방울 이슬과 샘물이
하늘이 내린 빗물을 품고
슬기롭게 살아가는 백성들의
젖줄이 되어 영원히 흐르자

쓸모없이 넘쳐나는
거들먹거리는 것들 걸러내고
맑은 거울이 되어
의젓이 번득이며 흐르는
고이 생명수가 되어
물 항아리로 흐르자

제4부

간밤에 흘린 별빛

모래알 하나가 1

바다가 나를 보고
가슴을 활짝 열어보라고 한다
바다 앞에 서서 저 멀리
어디쯤에서 내가 여기 왔을까
아스라이 하늘과 맞닿은 곳
뿌연 지평선에서 나를 본다

심장 박동소리 들리는 듯
환희와 함성 격동이 폭발하는 배경이
거칠게 요동치는 세파에 밀려와
거품을 내뱉는 파도소리에
몰아 숨 쉬는 것을 바라본다

무엇을 위해 여기까지 밀려왔나
해변에 드러난 모래알 하나가
그늘을 드리우고 큰소리친다
넘실대는 바다여!
어쩌면 그렇게 거친 세상을 닮았냐고
외쳐본들 파도소리뿐

모래알 하나가 2

온종일 모래알 하나가
세상을 탄식한들
파도소리만 들리고
앞을 봐도
뒤를 봐도 망막할 뿐

내가 살아온 세상
내가 걸어온 이 땅에서
내가 보고 들은 것은
막무가내로
부딪히는 파도소리뿐

한낮에 이글거리던 태양이
하얗게 타버리고
붉게 물든 하늘 아래서
어둠이 밀려오는
파도소리에
귀 기울이고 있네

간밤에 흘린 별빛

영원을 여닫을 하늘 아래서
별을 바라보는 순간만큼 별빛이
이 한 몸 안아 줄 것만 같아
어느 별인가 새겨보며
큰 별 작은 별 점지해보았다

아침 그 별빛은 하얗게 지새고
어질어질한 광경이 펼쳐 보이는
현실은 꿈이 아닌 전쟁터 같아
눈 비비고 귀로도 보면서
거리에 발을 떼어 놓는다

귓구멍에 몰려오는 소리 소음
피할 수 없이 사방에서 공격해오고
온몸으로 받아들여야 하기에
너나없이 마음속에 방탄복을 가리고
지하철에 몸을 쑤셔넣는다

선 채로 앉은 채로 매달리듯
손에 달라붙은 스마트폰이
눈과 귀가 되고 따발총이 되어
손끝은 방아쇠 당기듯 부지런히 밀고 당기며
간밤에 흘린 별빛을 향해 쏘아댄다

어둠은 자물쇠로

태초에 우주라는 공간이
어둠의 자물쇠로 있었나
오직 열쇠 구멍 하나이듯
예서 어떻게 활활 타오르게
불을 지폈는지 모를 일이다

불꽃이 열쇠가 되어
개벽의 세상이 열렸음에
언제까지 활활 불을 밝힐지
언제 잠길지 모를 일이다

오직 열쇠는 알까
자물쇠의 존재를
아무도 모를 무한한 관계를
이대로 인간의 존재도 무한할까

이제 사람들은 깨다 못해
약아질 대로 약아져서
스마트폰 하나 거머쥐고
열쇠가 필요 없는 꼭짓점으로
무식으로 내달릴지 모를 일이다

곱씹는다

하늘이 무어라 했기에
산은 하늘을 오르다 말고
바다는 땅에 물을 채우다 말고
그 땅에는 인간의 욕심을 채우느라

이제는 공기마저 씹어야 하고
물도 씹어서 마셔야 한다
말도 씹어야 한다면서 금붕어처럼
뻐끔뻐끔 물거품을 내뱉듯이 한다

신문을 보거나 TV를 시청하노라면
온 세상이 아무렇지 않게
씹어 내뱉는 소리나 그림이
폭발하는 불기둥을 이루고
시커먼 재 구름이 하늘을 가린다

온 나라가 조용할 날 없이
이 땅 위에는 무엇으로 채워질지
그런 날이 있을 것만 같아
너른 하늘을 올려다보게 되네

알갱이 감자

살자니 맛보기로만
살아갈 수는 없는 세상인데
물불을 가리지 않고
무조건 뛰어드는 중생이 되어서야
무엇이 어떻게 돌아가는지
들끓기만 한다

마치 분화구에 불꽃처럼
냄비 속에서 불길이 일고
엎지른 물은 땅바닥에서
펄펄 끓고 있듯이
세상은 통째로
익어가고 있다

누구를 위함인가?

그래도 감자알은
싹을 키우느라 제 몸을 썩히고
하늘에서는 밀밭을 일구느라
비행기는 분주히 오가며
한 모금 시원한 맥주를 들이켜리라

말 많은 세상

입만 가지고는 할 말을 못다 해서
귀만 가지고는 못다 들어서
또 눈만 가지고는 못다 봐서
몸 하나라 나눠 움직일 수 없고
손가락까지 동원해서
찾아 알아볼 일이 많은 세상
앉으나 서나 스마트폰을
눈과 손에서 떼어놓지 못한다

생각을 담을 머릿속이 비좁아서
세상사 담아놓을 그릇이 작아서
버릴 것은 생각지도 않고
공유니 자유니 긍정이니 부정이니
사방에서 수런대고 말싸움에
공격당하고 공격을 가하고
정작 알아야 하고 있어서
지켜야 할 것이 모호해지고
가려서 듣고 보고 행동하기에는
사회 질서가 어떻게 돌아가는지
민주니 자유니 겉치레가 되어
비정상이 정상을 넘나들어야 하는
되는 게 없고 안 되는 게 없이

만사형통인 것처럼 필수품이 돼
몸에 지니고 다니는 스마트폰
입방아 찧고 눈알 굴리며
손끝으로 방아쇠 당기듯 갈기니
보고 쓸어 담기에는 역부족이라
손에서 놓지 못하는 덫이 아닐는지

형제는 없나

아이들은 싸우며 자란다고나 한다지만
갈라진 채 고희(古稀)를 넘긴 나라인데
저렇게 싸움질을 해대는 것을 보면
너는 너고 나는 나라서 그런지
울타리 쳐놓고 언제까지 대판 싸우려고만 한다
한 우물 퍼 먹은 핏줄이 어찌 저럴 수 있나

또 큰일 낼까 걱정이 되네
지난날 일제(日帝)에 모진 수모를 겪고도
나라를 토막 나게 해놓고
갈라진 채 전쟁을 치르고
얼마나 피를 흘렸는가

아직도 피멍이 시퍼렇게 남아 있는데
갈라진 것을 붙여놓을 생각들은 않고
앞만 보고 가기도 벅찬데 어쩌자고 뒤돌아보게
서로 그림자를 밟고 시비를 걸고 싸움질이다
힘을 모아 같이 갈 형제는 없나

정신을 남의 것으로 엮이지 않는다면
누구를 위해서도 아니고
오직 통일을 위해서 뜻을 모아야 하거늘

언제까지 쌍심지를 켜고 으르렁대며
흠집을 내 싸우려고만 해서야
싸우는 것도 내력인지 몰라

발자국

많은 사람이 지나간 길이나
포장된 길에서 발자국을 찾기 어렵다
구질구질 비를 부린 맨땅이거나
요동치게 난리를 치르고 난 흔적은 몰라도
한겨울 쌓인 눈 위에 지나간 발자국이 보이듯이
흑백 속에서 티가 잘 보인다

오늘날에는 모든 면에 포장이 잘 된
자유로운 세상을 찾아 비행기를 타고 다니며
새로운 발자취를 별나게 싸들고 다닌다

고무신을 신고 가든
가죽신을 신고 가든
자동차를 타고 가든
기차를 타고 가든 또는
비행기를 타고 가든 유행처럼 여행을 즐기고

짧은 시간에 많은 것을 보고 티를 찾아내고
경제의 한몫을 한다고 변신을 하고자
별난 것을 찾아 별나게 발자취를 남기고
안 가는 데 없이 온 세상을 누비고
카메라에 또는 스마트폰에 발자취를 보탠다

광화문 광장

산세 수려한 수도 서울 한복판
오늘도 광화문 광장이 요동치고 있다
역사의 표상이기도 한
걸작이 걸맞지 않게
빛은 바래지고 숨결은
거칠게 엉켜 돌아가고 있다

생각은 앞을 가리고 뒤만 돌아볼 참인가?
옛것 그대로가 보전 가치가 있다고 할까마는
보다 더 역사의 한 장을 새롭게 쓴
산뜻한 한글 현판은 떼어내고
덕지덕지한 한문 현판을 굳이 다시 붙여 놓았다
대문 앞에는 한글을 창제하신
세종대왕의 동상을 앉혀 놓으니
그 임금님이 뒤돌아보고 무어라 하실까

또 그 몇 걸음 앞에는
이순신 장군의 동상을 세워 놓았다
늠름한 기상이 앞바다를 바라보는
위엄 있는 눈매가 어쩌면 대문 앞에서
군중을 내려다보고만 서 있는 것 같아
밝은 햇살이 답답하기만 하다

요지경 속 세상

TV를 보다 보면 세상은 요지경 속
무지개 색깔을 들여다보기다
원색이 갈라져 혼색이 난무하는
어느 것 하나 헷갈리지 않는 자유는 없이
빛깔만 눈부시게 보인다

광고 속에 말문이 열리면
누구나 암에 걸릴 수도 있으니
암보험에 들면 만사태평이란다
지겹도록 반복해 듣다 보면
긴가민가하면서 세뇌되고
정보의 홍수 속에서
오히려 스트레스라는
달갑지 않은 정보가 가슴을 옥죈다

무시해도 되는 것인지
광고든 정보든 요지경 속
그저 빛깔만 즐길 수 없음에
이마에 그늘이 드리워지고

그래도 TV를 들여다보다 보면
말싸움 눈싸움 격투 장면에서
구경꾼에서 훈수꾼이 돼
민주니 보수니 또는 진보니 헷갈린다
입이 모자라 말이 막히겠는가
듣다 보면 남는 것은 스트레스뿐

진실은 주눅이 들고
중도(中道)는 맛을 잃어가고
맵고 짠 것을 귀로도 맛을 보고
눈으로도 들으며 입어보는 신통술의
요지경 속 세상을 본다

사공 따라서

사공이 많으면
배가 산에 오른다 했던가
그래서 사공이 하나가 되어서
물에 잠겼나
있어도 머리는 없고 모가지만 있어
배만 불러 물에 잠기게 된 것인가

물에 떠가는 것이 배가 아닌 배때기였던가
널름대는 파도는 날름대는 혓바닥이었던가
자연재해는 어쩔 수 없다 해도
인간의 부주의가 큰 화(禍)를 내다니

부주의와 이기심에서 비롯된 사고에다
사후 일처리가 더 문제였다
뭐 저러나! 어처구니없는 탄식이 절로 났다
적당주의에 길들여져
주의를 게을리하고 의무를 다하지 않아
순간의 큰 재해를 피할 수 없게 된 것이다
언제나 원칙은 살아 있어야 하거늘

이제 민심이 파도처럼 술렁대는 속에
너도나도 올바른 사공이 되겠다고 나서는
6월 지방선거에 착잡한 마음 누를 길 없다

밟히는 것들

밟으면 밟을수록
사라지지 않는 것들
양심 따위는 없다
얼굴만 드러내면 되는가 보다

길바닥은 알게 모르게
비바람에 씻겨나도
밟히는 것들은 얼씨구나
뻔질나게 길 위에 드러내
꼴불견인데도 아랑곳하지 않고
내보란 듯이 굴러다닌다

골목길에서나
대로변에서나 어디나
염치없이 내미는 얼굴
쓰레기 담배꽁초들
버려진 것들인데도
뻔뻔스럽게
발길에 채이면서도
노상 안하무인격이다

아쉬움

산다는 것은 어쩌면
일을 하고 먹고 자고 지새는 것
그 밖에 무엇이 있을까
놀고먹는 것도 있겠고
있다면 사치와 허영도 있겠지
또한 허깨비에 홀리듯 방황도 해 보고
사랑과 행복, 기쁨의 웃음도 있겠지
때로는 오해와 착각으로 시비와
상충된 의견으로 싸우기도 하고
욕심 부리다 끝내는
얻는 게 없이 허탈해지고
눈물짓고 한숨짓다가 고생 끝에
다행히 출셋길이 열리면
재물도 모이게 되고 춤도 추게 되겠지

그러나 한결같지 않은 것이 세상일
늘 함께 가야 할 불만스러움이
미련 속 흑백의 그림자를 더듬고
그런대로 추억도 해보고
사랑의 갈등도 이별의 아픔도
슬픔과 좌절 서운함이 저장된 채

삶의 보람이라고 남아 있을
어느 순간순간들 지나쳐버린 행복이
아쉬움으로 남겠지

허무

이 세상은 자연의 섭리(攝理)를
허무로 포장한 품 안 같다

그 속에 유기체(有機體)로서의
최선을 다해 살아갈 가치가 있다는 것
참기 힘들어 생을 포기한다고
벗어나지지 않는 품 안에서
끝까지 삶을 사랑해야 하리라

짐이 될 것은 없다
발버둥 치며 살기에는 세상은
부려놓을 마당이 넓다
내려놓을 것을 찾아
열심히 살다 보면
눈에 뵈는 것도 많아지고
잡을 것도 많은 세상이 돼
노력도 할 만큼 하다 보면
사랑하고 사랑받는
목적한 바 이르게 되리라

그렇다고 물러나주지 않는
허무함이 넋을 놓게 되고
한숨을 쏟아낼지라도
그 품 안에서 살다가
그 속에 누일 것이기에
끝까지 나를 사랑해야
살맛 나지 않겠나?

허수아비의 진실

황금빛 들판을 지켜 달라고
참새들의 무리를 쫓아내라고
훠이훠이 소리 없는 소리를 내라고
흙 묻은 거칠어진 손으로
있는 것 없는 것 찾아내 바쳐서
그럴 듯하게 옷을 입힌 허수아비
논두렁 밭두렁에 세워놓았다

할 일 많은 농사일에서
참새 쫓는 일 하나를
허수아비에 맡겨 놓으니
참새들도 허수아비로 알아봐
재잘대며 본체만체 앞을 지나고
사방에서 마구 불어대는
비바람이나 맞으며 먼발치서
허술한 옷자락만 펄럭이고 있다

수고한다는 말 한마디 없고
잘했다는 말 한마디 못 들은 채
알갱이는 주인이랍시고 챙겨가고
홀로 남겨진 허허로운 허수아비
황량한 들판 밭머리에서

기우는 석양빛을 마주 보며
누구 때문에 내가 여기 서 있는데
참새들도 날 무시하다니

헛것에 포장(包裝)

많은 생산품을 포장을 하거나
상자에 넣어 자동차 박스에 실어 나른다
백화점 또는 슈퍼나 상가 상점으로 이송되어
진열장이나 냉장 냉동고에 넣어놓고
손과 말을 거쳐 소비자에게 가기까지
몇 번이나 상자 속을 들락날락할까

마지막 소비자에게 왔어도
냉동 냉장고에 넣어두게 되는 물건들
시간 차를 두고 소비하지만
여러 날 묵히는 것이 있게 마련이니
신선하다는 믿음이 다 헛것에 포장이다
생산하는 일과 소비하는 일 빼고는
다 헛것에 놀아나는 형국이지만
그것이 동력이 되어 굴러가는 것이 세상이다

인격(人格)도 포장이 잘 되어야 하나 보다
경력을 화려하게 갖추고(포장하듯이)
다양해야 하는 세상에 살고 있다
명문대를 나와야 하고 석박사가 되어야 하고
외국에 나갔다 와야 하고
이런저런 자격증도 있어야 하고

남의 나라 말을 몇 개쯤 해야 하지만
직장에서나 소속 사회에서는 자못
전문성을 놓고 보면 거반 헛것이 된다

겉포장이 화려하게 보이는 것과
꼭 포장(자격)이 되어야 하는 진실은
열어볼 수 없는 현실의 포장이기에
세상은 헛것에 놀아날 수밖에 없다
그러나 번잡스러운 사회 통념(通念)이겠지만
그런대로 발전을 가져와
오늘날 디지털 문화 속에 산다

이제 지구 전체를 포장하는 데는
얼마나 더 속도가 빨라져야 할지

마시다 보면

살아가노라면
숨 쉬며 물을 마시고
술도 마시고
차도 마신다
그렇게 삶을 마신다

마시고 또 마시다 보니
앉아서도 마시고 서서도 마시고
길을 가면서도 마시고
스마트폰을 만지면서도
책을 보면서도 마시고
TV를 보면서도
일을 하면서도 마신다

세상에는
먹고 마시자고 판을 벌여놓고
소화시키느라 춤과 노래 사랑도 마시고
마시다 보니 마음도 마시고 이별도 마시고
싸움도 마셔버리면 될 것을
이것이 문제다

제5부

빛과 그림자

빛과 그림자

빛은 그림자를 낳게 하고
어둠을 가져와
잠을 자두면
소진된 에너지가 충전되고
아침이면 태양이 솟아오르고
힘이 생겨난다

어둠이 먼저일까 밝음이 먼저일까?

세상은 음양으로 이루어져
꽃이 피고 지는 계절이 있음에
자연을 천연색으로 물들이기도
인간의 마음도
순수하게 물들었으면 하는데

수만 년 물들어 왔을 마음
올해도 물들어 갈 마음들
시월에 화려한 단풍잎 지는 마음
천연덕스러워지는데
인간사 소용돌이 물결 속
한 잎 떨어져 흘러가는 낙엽에
반짝이는 빛이 아쉽기만 하다

젊음의 노래

운동인지 춤인지 꿈틀대며
콧노래에 몸이 근질이듯
웃고 우는 다양한 얼굴 표정에
중얼중얼 씨부렁거린다
온몸을 낙지처럼 팔다리가 꿈틀대고
비틀며 하늘을 딛고 거꾸로 서서
땅을 팽이처럼 돌리는가 하면
개구리처럼 펄쩍펄쩍 날뛰고
갑자기 천둥소리를 내지른다

세상 무심한 것아 야속한 것아!
왜 떠나가느냐고 사랑하는데
그러면 어떡하라고 울분을 토한다
외로움에 젖어 눈물을 글썽이며
기를 모우는 동작으로 흐느적거리다
백사장을 삼킬 듯이 밀려온 파도처럼
갑자기 바위에 부딪히고 부서져
물보라를 뿌리며 울분을 토해내는
온몸을 내던져 젊음을 노래한다

개살구

살구나무에 노란 열매가
입안에 신물이 고이게 한다
복숭아 자두 올사과 등도 줄줄이
시장 좌판에 풍성하게 나앉았으리라
이때쯤이면 여름방학을 하게 되고
시골집이 그리워지는 여름 한철
산이나 물 좋은 하천이 활기차진다

모처럼 할머니 할아버지의 입가에는
웃음꽃이 번지고 마음이 분주해진다
손자 손녀들이 눈앞에 어른거려져
동구 밖을 자주 바라보게 되고
장독대 항아리를 닦다 말고 한숨을 쉰다

새삼스레 삶의 행복이란 무엇일까
하늘을 올려다보니 머릿속이 휑해진다
오늘날 모든 것이 넘쳐나 보이고
소란스레 굴러가는 세상이
빛깔만 화려해 보이는 것은 아닌지

담장 위에 걸쳐 있는 살구 한 알 따
맛을 보니 새콤달콤 먹을 만하고

입덧하는 임신부에 당기는 과일인데
재래종이라 맛이 좀 덜하다고
빛 좋은 개살구라고 폄훼한다
살구나무 입장에서도 기분 나쁘겠지만
개들의 입장에서 들으면 더욱 화가 날 일이다

철새

또 갔다 세월이 갔다
또 왔다 철새가 왔다
계절은 어김없이 오고 가고
이때다 싶게 날짐승 들짐승들 할 것 없이
만물이 기지개를 켜고 눈을 비비며
코를 벌름거리고 입으로는 삼킬 것을 찾고
얼었던 땅은 침을 흘린다

어디로 어느 방향으로 길을 찾아 나서나
새로운 둥지를 찾아 끼룩끼룩
몰려다니며 기웃거리는 춘삼월이란다
꽃구경하랴 짝을 찾으랴 분주한데
어느새 여름이 와 있고
피서라 물놀이다 제멋대로 즐기다 보면
벌여놓은 것을 매듭짓기에 바빠지는
가을이 성큼 와 닿아 울긋불긋 단풍이 지고
또 월동 준비하느라 분주해진다

어수선하게 계절의 끝맺음 하는
잎 떨어진 나뭇가지 사이로
또 철새들이 날아들고 날아가는데
오늘 따라 왜 높고 푸른 하늘이

이다지 답답해 보이나
자연은 때가 오면
알아서 옷을 갈아입고
새들은 철 따라 오고 가는데
한강둔치 섬에는 원앙새 한 쌍 보이지 않고
염치없는 철새들만 씨근덕거리며
텃새인 양 몰려다니며 소란 피우네

철없는 헛소리

한 세월 시름을 도려내느라
통증을 참아내며 땀 흘리고
여름 막바지에 접어들어
매미 소리 어느새 멀어져 가고
흘려보내는 계절이 아쉽기만 하다

매미가 뻐꾸기 소리를 내고
뻐꾸기가 매미 소리를 흉내 낸다고
철이 되돌려질까

진달래꽃은 가을에 피어나고
들국화가 이른 봄 산골짜기를
노랗게 물들인다고
철이 바뀌어질까

땅이 거꾸로 돌고 돌다 치솟아 오르면
하늘이 내려앉아
달도 별도 내려다보게 되고
하늘이 바다가 되어
태양이 식어버리면
무엇이 남아날까

세상이 하도 어수선하니
철[季節]없는 헛소리를 하게 되나 보다

바람과 나무

바람이 없다면
흔들릴 수 없음에
나무는 누구와 춤을 출까
때로는 몰아치는 비바람에
눈물을 흘리고 아파하면서도
뿌리는 더욱 깊이 박히고

햇빛 따라 자연과의 교감이
참을성 있게 성숙해지고
계절을 거치며 사랑의 결실로
행복한 열매가 열리는
더불어 알차지는 나무가 되리라

스스로 비바람 이겨내는
나무가 아니면 태양도 무심해
열매는 어디서 구하고
목재는 어디서 구해 집을 짓고
모든 중생(衆生)은 어디서 머물까

흔들리어도 그 나무가 없다면
정치인들은 어디서
말을 볶아 먹고
디저트 하고 이 쑤시며 차 마실까

두 손

껴안으라는 두 손과
잘 잡고 잘 집으라는 열 손가락
일을 하며 생각을 모으라고
제 나름대로 생겨나 있는 것을
주먹만 쥔다고 하나가 될 수 없는 일

내가 가진 것이 전부일 수 없고
못 가진 것이 전부가 아니라면
주먹 쥔다고 움켜쥘 수 없듯이
편다고 내주는 것도 아닌 것을
웃으며 팔을 벌리고
서로 손을 마주 잡을 수만 있다면
다 우리 것이 되는 것을

저 하나 새긴 마음 풀기 위해
주먹 쥐고 울분을 토하며 살아서야
주어진 열 손가락 똑같지 않음은
나름대로 다재한 힘을 모았다 폈다 하며
자유롭게 살라는 것이다
마음대로 안 되는 것이 세상일이라
잡기도 하고 놓치기도 하겠지

나방들

한 무리의 나방들이
가로등 불빛 속에서 춤을 춘다

쏟아지는 별빛인 양
가로등 조명을 뒤집어쓰고
앞뒤 좌우 없이 날뛰며
혼돈을 끌어안고 춤을 춘다
딴에는 폭발하는 굉음 소리에
갈채가 있을 뿐인가

지치고 나른함은 없나 보다
오직 춤을 추며 섬광의 불빛만
겨누고 조준한다
일 년을 하루살이로 살아도
오직 별빛으로 샤워하고 싶은
무리들의 갈망이여

별 중에 별을 꿈꾸며
내일은 없이 오늘만을 위하여
꺼지지 않을 불꽃의 끝은
아침에 떠오르는 태양이 있어
또 시작일 뿐이다

장승이 되다

한여름 무성하게 자란 가로수
무정하게 가지치기를 당하니
어디다 하소연도 못하고
늙은 장승이 되어 버렸다

허무하게 몸통만 남아났으니
차라리 여백이 많아져 잘됐노라고
자위해 보지만 할 일이 없어짐에
바람에 부대낄 일이 없어져
남아도는 시간만 길 위에 뿌려지고

오가는 자동차 소음과
정화되지 않은 오염된 공기를
마셔 가며 우두커니
길가에서 햇빛만 쓰다듬고
서성대고 있어야 하는지

한때는 그렇게도 시간에 쫓겼는데
남아도는 시간과 행복은
삶의 어깃장이었나 보다

미화원

캄캄한 새벽길
아직은 오가는 사람이 뜸하다
낙엽 구르는 삼거리에서
쓸쓸히 가로등 불빛 아래
빗질하는 미화원 아저씨
종종걸음에 발자국 소리를
쓸어 담는다

교문 앞 길가에서
새벽별을 이고
등교하는 학생들의
조잘대는 소리
귀에 흘려들으며 자식들!
미화원 입가에 한숨소리
어느 별을 닮으려나

길 위에 저항 없이 구르는
낙엽을 쓸어 담는 미화원 아저씨
꼿꼿한 나뭇가지 끝을 올려다본다
한 해의 시름을 털어낸 자부심에
밤하늘을 마주 보면서
새벽별과 조각달을 품에 안았다

뽕잎에 오디

꽃은 언제 피었다 졌는지
초록빛 햇살을 머금은 뽕잎 사이에
붉다 못해 새까맣게 익은 오디가
조랑조랑 숨듯이 열려 있다
뽕을 따다 보면 그냥 지나칠 수 없어
한 알 두 알 따먹다 보면
손끝은 문질러진 붓끝이 돼
지저분한 자화상이 그려졌다

한여름 누에는
뽕잎을 미친 듯이 갉아먹고는
실을 토해내 제 몸을 숨기고
무덤이 돼 죽음의 잠을 자두면
번데기로 변신을 해
오디 모양 먹을거리로 태어났다

오랫동안
명주실을 뽑기 위한 뽕이었는데
이제는 번데기를 위한 뽕이 되고
달콤한 오디를 생산하기 위한
뽕 농사를 하게 될 줄이야

세상이 변하다 보니 살맛나는
살맛이 돼 뽕잎에 쌈을 싸 먹고
고혈압에 좋다고 줄기로는
차를 달여 마시기도 한단다

가뭄

햇빛이 목말라
저수지가 바닥을 드러내
논밭이 갈라지는데
애타게 기다려도 비는 안 오고
텃밭에 물 한 바가지가 아쉽다

하늘에 물웅덩이 구름 한 점 없으니
지상에 물 한 방울 올릴 수 없어
태양은 연일 열을 뿜어댄다
풀 한 포기 나무 한 그루
그늘을 품을 기력이 없는 듯 늘어지고

바람마저 메말라
후끈거리는 그늘 아래
엎드려 헐떡이는 개 혓바닥에
날아드는 파리 떼들도 목말라
눈곱을 핥느라 정신없다

시원한 물 한 모금 그리워진다

맥(脈)을 이루고

그래도 오랜 역사의
이끼 낀 바위가 있어
예서 샘물이 마르지 않아
계곡 물소리 끊임이 없음에

우거진 숲속에서
새들의 지저귐이 있고
생동하는 자연 속
계절 따라 이는 바람소리

소나무 귀 기울이니
너울너울 흥겨운 춤이던가
시원스레 바람 잡고 노니니
만년 젊음이라

물끄러미 바라보는 바위인들
무심하기만 하리
눈물 같은 샘물을 흘리니
이 땅에 젊음의 피가
맥을 이루고

눈치껏

누구나 할 수 있는 빨래
그것 세탁기가 하는 것 아닌가요
남자가 하면 어떻고
여자가 하는 것은 어떻고
다 손빨래 할 때 이야기
전통이니 체면이니 풍습이니
세탁기가 말해주리라

옛날과 달리 부엌일 싱크대가 한몫하니
어머니도 하고 며느리도 하고 아들딸도 하는
서로 눈치껏 하면 된다 하지만
아직은 아버지나 아이들은
양말 찾아 신는 데도 급급하다
대신 청소기를 돌린다
언젠가는 밥을 짓고 설거지하고 청소 빨래하는
일괄(一括) 해결하는 로봇이
아파트 분양할 때 끼워 등장하리라

옛날 부엌과 달리 주방이라 부르는
거실과 마주한 공간에서
라면이나 차 끓이는 것은 보통이고
밥 짓고 요리도 조금은 누구나 한다

집안일 알아서 한다지만
각자 마음이 한결같지 않아
스트레스는 있게 마련이고
그 스트레스는 소리를 먹고 일궈지니
눈치껏 소리를 낼 수밖에

밥물이 되어

물소리 나는 안개 낀 산촌이나
어촌에서 아기 울음소리 드물어져도
단출하게 밥상을 마주하고
아직은 모락모락 입김이 어려
오막을 감싸고
울타리에 봉선화 꽃이 피어나 있다

어느 시골 장터나
시장바닥에서 왁자지껄
아직은 주고받는 입김이 튀어나오고
국밥집 식당이나 집집마다 주방에서
딸그락 김이 서려 오르고

어느 공장 굴뚝에서 연기가 솟고
분주히 오가는 자동차에서
내뿜는 매연과 소음 속에
인파의 물결은 끝없이 이어지고
한쪽에서는 매일같이 떼 지어
볼멘 함성 소리에
달아오르는 연기가 솟아오르고

학교나 학원에서 책 읽는 소리와
교회나 성당 또는 불당에서
경 읽는 입김이 피어오르고
이 모든 열감이 하늘에서
때로는 세찬 바람을 만나
흰 구름 먹구름이 비구름 되어
어느 날 갑자기 태풍이 몰아치고
장마가 져 온 세상이 아우성치지만
사람들이 살아가는 데는 밥물이 되고
밀가루 반죽물이 되기도 한다

노을 버스

— 낚싯밥

울고 싶으면 울어야 하고
웃고 싶으면 웃어야 하지요
맑은 날이 있으면 흐린 날도 있고
양지나 음지가 늘 그대로이겠습니까
뜻이 있으면 불평불만은 장애물일 뿐
돌고 도는 것이 세상이라 살고자니
사람은 낚싯밥을 찾아 헤맨다

누구는 한세상 나들이 하듯이
누구는 나그네처럼 살다가 간다고 하고
누구는 자나 깨나 전쟁하듯이 사는가 하면
주색잡기에 몰두하는 이가 있겠고
허세를 좇아 출세의 날개를 달아보려
밤낮으로 동분서주를 하는가 하면
적어도 한평생 명예를 닦고 닦는 데 반하여
오로지 이름을 팔고자 사(士) 자가 들어간
가짜 아닌 허울 간판을 내세워
삶을 낚으려 한다

세상은 하루가 다르게 급변해 가고
눈에는 생뚱해 보이는 발전이
유행의 물결에 넘쳐나지만

갈수록 마음이 허해져 붕 뜨고
마음속 풍선을 끌어안고 위만 바라보며
아니면 말고 식 막가는 인생이 있는가 하면
부평초 같은 생도 있다지만
모두 노을 버스를 타게 되면
다같이 나들이 잘하고 간다 할까

자갈밭에서

억새풀 둔덕 자갈밭 사이사이
냇물이 도란도란 흐르고
이름 모를 새 한 마리 자박대다
어디론가 사라진다
뒤따르던 시선은
파란 하늘에 잠시 머물고

따가운 햇살은 가을바람에
되레 가슴을 시원하게 품어준다
돌부리 스치며
부딪치며 흐르는 물에
발 담구고 무성한 잡초들
씨알이 영글어가고

너른 하늘에서 넉넉히 빛을 받아
울긋불긋 화려해진 강산이
손짓해 날 부르는 듯
발걸음 멈추어 서서
내 여기 있노라고
먼 산을 향해 소리치고 싶어진다

쑥대 위에 꽃잠자리 한 마리
한낮에 따가운 햇살을 이고
이열치열로 낮잠을 즐기나
마지막 계절의 끝맺음에 여운을
그만 황홀함에 취해버리는
자갈밭에 충만함이여!

창조적 상상력으로 빚은 눈부신 서정(抒情)의 바다

— 이상엽 제2시집 『모래알 하나가』의 시세계

정 유 지(문학평론가, 시인)

1. 자아성찰과 존재론적 자기 인식, 따뜻함으로 세상을 품다

우정(雨庭) 이상엽 시인은 평양 출생으로 문학과 미술의 경계를 넘나들며 주옥같은 작품을 생산해 내는 예술적 역량을 통해 절정의 기량을 과시할 만큼 무르익은 예술의 경지에 도달해 있다. 종합문예지 월간 『문학세계』 시 부문 신인문학상에 당선됨으로써 작가로서 운문의 창과 회화의 방패라는 예술적 무기를 모두 가지게 된 것이다. 작가 이상엽은 시인으로 등단한 것을 계기로 본격적으로 글쓰기 창작에 몰두하게 된다. 문학세계문인회 정회원으로 활약하며 2013년과 2015년, 2016년 '한국을 빛낸 문인' 으로 선정되고, 2014년 시전문지 계간 『시세계』에 소시집을 발표함으로써 독자들로부터 큰 호응을 받은 바 있다. 아울러 유화 개인전을 2015년~2017년에 걸쳐 꾸준히 갖는 등 미술 부문에 있어서도 빛나는 활약을

펼쳤다. 한편 2013년에는 작가 특유의 세련되고 유려한 감성으로 시집 『한강』을 출간해, 독자들로부터 큰 반향을 얻기도 했다. 그의 처녀시집은 마치 빈센트 반 고흐(Vincent van Gogh, 1853~1890)가 귀환한 것처럼 인간의 향기가 느껴지는 대작(大作)의 기운이 감돌았다. 다양한 빛깔의 휴머니티(Humanity)로 강렬한 태양의 입술을 훔치며 21세기 문학의 지평을 열 메시아적 해바라기를 그려내고 있었다. 평생을 예술인으로서의 숙명적 삶을 온몸으로 받아들이면서, 따스한 휴머니티를 바탕으로 무한대의 상상력을 숙성시키고 발효시킨 시적 언어로 온 · 오프라인의 독자(讀者)들에게 고품격 브랜드의 독자적(獨自的) 메시지를 형성한 모던 아트 이미지(Moden Art Image)를 전달하고 있었다. 두 번째로 지상에 내놓은 금번의 시집 『모래알 하나가』에서는 파도가 소금을 데려와 꽃을 피우듯, 따뜻한 감성이 서정을 불러내어 새로운 바람의 미학으로 거대한 염전의 집을 짓고 있었다. 이른바 이상엽 시인은 영혼의 어부로 대변신해 있었다. 심지어는 '바람의 시인', '모래의 남작' 이란 닉네임까지 지상에 남겨놓았다.

이상엽 시인의 시적 세계는 크게 두 가지 경향을 보이고 있다.

첫째, 이미지의 개념을 파괴하고 모더니즘 경향의 고정 관념을 해체하기에 충분했다. 시인은 늘 사람에 대한 갈망과 그리움이 가득 차 있어 휴머니티를 유지하고 있다. 따라서 그에게 있어 시적 대상은 인간과 자연을 모티프(Motif)로 삼고 있으면서 이를 문학 작품으로 형상화시키고 있다는 점이 그의 처녀시집과 예술적 닮은꼴이다.

둘째, 회유의 시적 미학으로 상생(相生)의 물보라를 생성시키고 있다는 점이다. 회유(回游, Migrate)는 물고기가 알을 낳기 위하여 또는 계절을 따라 정기적으로 떼 지어 헤엄쳐 다니는 일이다. 작가 이상엽에게 있어 회유란 상대방을 배려하기 위한 모래알들의 힘찬 호위를 상기시킨다. 이상엽의 이미지 속에는 상대방을 어루만지어 잘 달래고 있을 뿐 아니라, 교묘한 수단으로 설복시킨다는 회유(懷柔, Conciliation)의 의미도 녹아들어 있다. 또한 그르쳐서 깨우칠 뿐 아니라, 타일러 일깨워준다는 회유(誨諭)의 의미도 숨겨져 있다. 장중한 인생의 깊이를 바탕으로 모래 위에 끝없이 부서지는 파도의 전언처럼, 거대한 바다의 메시지를 온몸으로 표현하는 활어(活語)의 시적 언어가 은빛으로 살아 꿈틀거리고 있다.

"따뜻한 언어는 차가운 빙하도 품는다. 그 따뜻함의 출발점은 배려의 수사에서 촉발된다."

무릇 말 속에는 맑고 그윽한 이미지를 품고 있는 바다와 같은 모습이 숨겨져 있다. 딱딱하고 추운 북극해마저 품을 수 있는 따뜻한 마음이 숨겨져 있다. 심지어는 상대방의 마음을 움직이게 만드는 아름다운 신뢰가 숨겨져 있다. 시인은 그 사유의 언어를 지펴 현실의 삶을 바라보고 있다. 시인의 따뜻한 시선은 「나 혼자 가는 길」에 멈춘다.

등산길을 잘못 찾아들듯이
나 혼자 가는 길은 방향일 뿐
세상살이도 그러하게
상상에 이끌려
길이 아닌 길을 갈 때가 있다

같이 가자 할 사람도

누가 있어 고집할 것도 없이
외롭고 고독해 보여도
따라서 반겨지는 자연이 스스러움에
나 혼자 가는 길은 내 길일 뿐

가고 또 가다 보면
내가 아닌 나를 만나게 되고
새롭게 눈을 뜨고 보면
하늘과 땅의 아름다운 품 안에
내가 있음에 내 길을 간다 하리

온갖 바람 불어대
만 가지 사물이 꿈틀거리고
물결치듯 흔들어대는 세상 속에
자연의 순수함에 감동하면서
이길 아닌 길에서 드디어 길을 만났다

—「나 혼자 가는 길」 전문

인용된 작품은 끊임없는 방황과 고독의 연속선상에서, 상상에 이끌려 길 아닌 길을 가고 있는 자아상을 스스로 진단하고 있다. 내 안의 나가 아닌 또 다른 나를 혼자 가는 길 위에서 만나면, 새로운 세계에 대한 발견과 동시에 하늘과 땅의 아름다운 품속에 내가 존재해 있음을 자각하고 있다. 살아 있음의 증거, 바람이 불 때마다 세상은 고요를 포기하고 물결치듯 흔들어댄다. 순수함이 빛나는 시대, 그 시대의 서막을 천명하면서 길 아닌 길을 만나고 있음을 만끽하고 있다. 고독함을 짊어지고 가는 삶, 홀로 걸어가야 할 작가로서의 길이 아닐까 싶다. 그리고 시인은 젊은 시절의 「하얀 불꽃」을 회상한다.

눈이 마주치기만 해도
벌이 날아들어 쏘인 것처럼
얼굴이 빨갛게 달아오르고
온몸이 마비된 듯
하얀 불꽃이 일어나
돌아서면 어이없는 부끄러움에
꽃바람에 놀림을 당했다

그 파란 시절
따스한 햇살이 안겨주는
싱그러운 꽃향기에 취해
만남의 시간이 기다려지고
지나치고 거른 날이면
하루해가 지루했다

애틋하고 풋풋하던
젊은 날의 하루하루
사랑의 단꿈을 꾸던 시절에서
이제 멀리 흰머리 이고 돌아와
한 그루 배꽃이 활짝 핀 마당가에서
우윳빛 속살이 비치는 꽃잎 야들야들
연두색 향기 풍기는 화사한 이 봄에
그 하얀 불꽃이 생각나다니

—「하얀 불꽃」 전문

사람에 대한 간절한 그리움이 강할수록 몸은 반대로 작용

한다. 그리움의 깊이를 숨겨버리고 만다. 그럼에도 눈빛과 표정에서는 숨길 수가 없다. '눈이 마주치지만 해도/ 벌이 날아들어 쏘인 것처럼/ 얼굴이 벌겋게 달아오르고/ 온몸이 마비된 듯/ 하얀 불꽃이 일어나'와 같은 시적 언어는 21세기 특급 그리움의 화신 수준이다. 그리움을 만날 수 있다는 것 자체가 환희고 기쁨인데, 만날 수 없는 날이면 당연히 지루하고 답답하지 않을 수 없을 것이다. 사랑의 애틋하고 풋풋함을 꿈꾸던 시절로부터 흰머리 가득한 현실 속에서, 화사한 봄날을 향해 하얀 불꽃의 소회를 쏘아올리고 있다. 시인의 눈길은 「은행나무처럼」을 향한다.

사랑이라는 것이 별것인가
은행나무처럼 서로 마주 보다 보면
멍울진 자잘함이 피는지 지는지 모르게
계절을 타고 오간 정이 열매를 맺는다

서로 좋은 감정이 조금씩 쌓이다 보면
세상살이 같이 고민도 하게 되고
너와 나 사이가 달구어져
사랑의 향기로 서로를 얽어놓는다

오감을 통해 애욕의 부싯돌이 되어
마른침을 돌돌 말아 삼키며
불꽃이 당겨지면
드디어 사랑의 용광로가
활화산이 돼 정염을 사르고

결과는 붉은 노을빛을 안고
샛노란 은행잎 밟고 서서

다닥다닥 열린
인고의 낱알을 바라보는 거지
사랑도 사랑 나름이겠지만

—「은행나무처럼」 전문

사랑의 결정체, 은행의 열매가 열리려면 암수의 은행나무가 있어야 한다. 마주 바라보다 보면 계절을 타고 정이 열매를 맺는다. 서로 좋은 감정이 시나브로 쌓이면 사랑의 향기가 서로를 얽어놓게 된다. 다섯 가지 감각, 오감이 모두 반응해서 사랑의 용광로가 활화산처럼 정염의 불꽃을 꽃피우게 된다. 붉은 노을빛 속에서 샛노란 은행잎과 인고의 낱알이 생산될 때, 그것을 '은행나무 사랑법'으로 명명할 수 있다. 시인은 봄맞이하러 「목련꽃 앞에서」 환히 웃고 있다.

간밤에 내린 봄비에
한겨울 이겨낸 하얀 목련꽃이
소박한 웃음을 머금고 피어 있다
어쩌다 바람에 떨어진 꽃잎 하나는
햇빛을 삼키며 울고 있네요

울컥 그리움으로 다가선 목련꽃이
땀이 밴 무명옷 팔소매를 걷어 올리고
호미자루 들고 텃밭을 일구시고
하얀 옥양목 치마저고리에
검정 고무신을 신고 나들이하느라
문밖 나서던 어머님 모습이 떠올려집니다
옷매무새 매만져보시던 아! 보고 싶어라
이제는 살아서는 볼 수 없음에

한스러움이 운명이라 하기엔
가슴 찢어지는 아픔이
맑은 하늘에서 눈물이 쏟아집니다

북녘 하늘을 가슴에 묻고
남쪽 하늘 아래서 한없이 그리워하며
목련꽃 앞에서 또 빌어봅니다
얼어붙은 남북이 살얼음 녹듯이
언뜻 풀려 통일이 되었으면
간절히 소원해봅니다

하얗게 무리지어 피어 있는 저 목련꽃이
백의의 물결이듯 온 누리에
통일이 되어 만세 부르는 모습으로
번져오는 환희를 그리며
눈시울에 고인 눈물을 닦습니다

—「목련꽃 앞에서」 전문

겨울을 이겨내어 봄의 기운을 세상에 꽃피우고 있는 목련의 삶은 시련의 극복과 인고의 결정판으로 볼 수 있다. 간밤 내린 봄비에 소박한 웃음을 머금고 있는 모습을 통해 초월적 기표의 상징적 이미지를 발견할 수 있다. 바람에 떨어진 꽃잎 하나는 햇볕을 삼킨 채, 황홀한 울음마저 터트리고 있다. 무명옷 팔소매 걷어 올리고 호미자루 들고 텃밭 일구면서 하얀 옥양목 치마저고리 날리는 서정적 분위기가 안정적 모드로 작용한 가운데, 옷매무새 매만져보시는 어머니 모습으로 클로즈업시키고 있다. 지상의 그 어떤 시인도 이보다 더한 묘사를 할 수 있을까. 북녘하늘(평양)에 가슴 묻고 남녘하늘 아래서 한없이 어머니를 그리워하는 사모곡(思母曲)을 노래하고 있다. 그 노래 속에 해빙의 통일 염원도 울려 퍼지고 있는 것이다.

2. 회유의 시적 미학, 상생의 물보라를 생성시키다

"물고기는 자지 않는다. 끊임없이 목적지를 향해 응시하고 움직일 뿐이다."

창조는 진화한다. 대중은 기존의 형태만 고집하는 패러다임을 수용하지 않고 오히려 외면한다. 이 때문에 컬래버래이션(Collaboration)이 경쟁력이다. 대중과 쉽게 만날 수 있는 독특한 협업 아이콘(Icon) '모래알' 콘셉트를 개발하고, '컬래버래이션' 을 이끄는 창조적 진화가 대중들을 감동시킬 때, 소통 예술의 그 중심에 있는 이상엽 시집 『모래알 하나가』의 비전도 자연스럽게 생성되는 것이다. 버려진 사물, 모래알 하나가 작가 이상엽을 통해 세상에 다시 태어나, 평화의 물보라를 품고 있는 것이다. 누구나 자신을 나타내고 싶은 욕망이 있다. 그러나 그런 욕망 역시 일정한 미학을 장착시킨다면 새로운 아이콘으로 변신이 가능하다. 이 변화의 아이콘을 작가가 선보이고 있는 것이다. 배려의 회유는 평화의 물보라를 생성시키고 있는 것이다. 시인은 「선인장 3」을 보며 미소 짓는다.

오늘 아침 베란다에
선인장 꽃 한 송이
햇살을 삼키고 토해내듯
불꽃처럼 환히 피어 있다

고집스럽게 줄기만으로
오직 위만 바라보면서
무엇이 그리도 못 미더운지
온몸에 가시로 무장하고
365일 변함없이
인내한 보람으로 꽃 한 송이를
보란 듯이 터트렸다

비록 아침에 피었다가
저녁에 붉게 노을 지듯
하루살이 꽃이라 해도
꽃은 꽃이요 희망이고
백일홍 꽃도 희망은 한 가지
인생살이도 희망일 뿐

—「선인장 3」 전문

시인은 시적 대상인 선인장을 통해, 사막과 같은 세상 속에서 뜨거운 고온의 고통을 온몸으로 비워내며 피울음 배어 있는 속울음을 꽃으로 피워 올리고 있다. 선인장의 삶은 종교적 순례자와 같은 경지에 서 있다. 햇살을 삼키고 토해내듯 불꽃처럼 환한 선인장의 꽃 한 송이는 집안의 큰 행복을 선물한다. 고집스럽게 오직 하늘만 섬기면서 스스로 단단한 가시로 온몸을 무장하고, 365일 변함없이 인내한 결실로 생명의 흔적, 꽃 한 송이를 보란 듯이 터트린 선인장이야말로 시인의 자전적 삶을 투영시키고 있는 모티프로 바라볼 수 있다. 누구나 성공의 꽃을 피우기 위해 최선의 삶을 선택한다. 그것이 단 하루밖에 피울 수 없더라도 꽃을 희망의 대명사로 여긴다면, 인생살이도 더없이 따뜻하고 편안할 수 있다. 꽃은 회유의 시적 대상이다. 꽃 앞에서는 누구나 평등하게 향기를 공감할 수 있기 때문이다. 회유의 달인이라 할 수 있는 시인은 「모래알 하나가 1」에 몰입한다.

바다가 나를 보고
가슴을 활짝 열어보라고 한다
바다 앞에 서서 저 멀리
어디쯤에서 내가 여기 왔을까
아스라이 하늘과 맞닿은 곳
뿌연 지평선에서 나를 본다

심장 박동소리 들리는 듯
환희와 함성 격동이 폭발하는 배경이
거칠게 요동치는 세파에 밀려와
거품을 내뱉는 파도소리에
몰아 숨 쉬는 것을 바라본다

무엇을 위해 여기까지 밀려왔나
해변에 드러난 모래알 하나가
그늘을 드리우고 큰소리친다
넘실대는 바다여!
어쩌면 그렇게 거친 세상을 닮았냐고
외쳐본들 파도소리뿐

—「모래알 하나가 1」 전문

모래알의 근원적 원천은 바다라고 할 수 있다. 바다는 그 어떤 물도 다 받아들일 줄 아는 회유의 왕이다. 더 나아가 포용의 황제다. 바다가 모래알에게 가슴을 활짝 열어보라고 신호를 보낸다면 그것은 협치, 컬래버래이션의 시작을 의미한다. 바다의 몸통 속에 살다가 하늘과 맞닿은 곳 지평선에 모래알로 떠밀려오기까지 나를 찾기가 굉장히 힘들었는데, 비로소 내 안의 나를 찾는 인생의 정점을 경험하고 있다. 심장박동이 있고 환희와 함성, 격동이 폭발하는 것을 바라볼 수 있으며, 세파에 밀려와 거품을 내뱉는 파도소리에 살아 숨쉬고 있는 세상을 관조(觀照)의 미학으로 바라보고 있다. 무엇을 위해 여기까지 달려온 것일까? 그것의 답은 모래알에 있다. '수많은 모래알이 모여야 바다와 접촉하는 백사장을 이루어낼 수 있다'는 회유의 진리가 깔려 있는 것이다. 시인은 고독을 즐기며 「간밤에 흘린 별빛」을 만끽하고 있다.

영원을 여닫을 하늘 아래서
별을 바라보는 순간만큼 별빛이
이 한 몸 안아 줄 것만 같아
어느 별인가 새겨보며
큰 별 작은 별 점지해보았다

아침 그 별빛은 하얗게 지새고
어질어질한 광경이 펼쳐 보이는
현실은 꿈이 아닌 전쟁터 같아
눈 비비고 귀로도 보면서
거리에 발을 떼어 놓는다

귓구멍에 몰려오는 소리 소음
피할 수 없이 사방에서 공격해오고
온몸으로 받아들여야 하기에
너나없이 마음속에 방탄복을 가리고

지하철에 몸을 쑤셔넣는다

선 채로 앉은 채로 매달리듯
손에 달라붙은 스마트폰이
눈과 귀가 되고 따발총이 되어
손끝은 방아쇠 당기듯 부지런히 밀고 당기며
간밤에 흘린 별빛을 향해 쏘아댄다

—「간밤에 흘린 별빛」 전문

별빛은 고독한 세상을 구원할 메시아적 존재다. 그런 별빛을 향해 끝없는 독백을 반복할수록 시인은 어느새 별을 신봉하는 절대적 위치에 오르게 된다. 별의 이미지를 생성시키는 또 다른 별이 되기 때문이다. 별이 없는 현실은 향기가 거세된 꽃처럼 추악하다. 시인은 향기가 없는 꽃의 세상을 거부한다. 무차별 공격이 자행되는 삶 속에서 방탄복을 입으며 방어해야 되는 현실을 질타하고 있다. 오로지 스마트폰에 매달리며 가상의 SNS 세계에 몰입한다. 세상과 타협하는 회유의 몸짓을 가동하고 있는 것이다. 시인은 음(陰)과 양(陽)이 담겨 있는 「빛과 그림자」를 주목한다.

빛은 그림자를 낳게 하고
어둠을 가져와
잠을 자두면
소진된 에너지가 충전되고
아침이면 태양이 솟아오르고
힘이 생겨난다

어둠이 먼저일까 밝음이 먼저일까?

세상은 음양으로 이루어져
꽃이 피고 지는 계절이 있음에
자연을 천연색으로 물들이기도
인간의 마음도
순수하게 물들었으면 하는데

수만 년 물들어 왔을 마음
올해도 물들어 갈 마음들
시월에 화려한 단풍잎 지는 마음
천연덕스러워지는데
인간사 소용돌이 물결 속
한 잎 떨어져 흘러가는 낙엽에
반짝이는 빛이 아쉽기만 하다

—「빛과 그림자」 전문

동양 철학의 중심인 음과 양의 조화가 얼마나 중요한지를 작품 속에 깔아놓고 있다. 빛은 그림자를 낳고 어둠을 데려온다. 휴식(잠)이란 선물을 통해 에너지를 충전시킨다. 빛 속에 비타민D가 있어서 빛을 쬐지 못하면, 인간은 생기를 잃게 된다. 어둠이 먼저일까? 빛이 먼저일까? 어둠과 빛은 한 몸으로 이루어져 있어, 빛은 어둠을 회유하고, 어둠은 빛을 회유해야 서로 살아갈 수 있다. 빛은 광합성의 가장 중요한 재료이고, 어둠은 재충전의 가장 중요한 재료가 된다. 빛과 그림자의 원리를 터득하게 되면, 우리의 삶 역시 상생의 가치로 물들게 된다. 시인은 회유의 미학을 조응(照應)해내며, 음과 양을 부각하고 있다. 시인은 「밥물이 되어」 밥상에 놓여진다.

물소리 나는 안개 낀 산촌이나
어촌에서 아기 울음소리 드물어져도
단출하게 밥상을 마주하고
아직은 모락모락 입김이 어려
오막을 감싸고
울타리에 봉선화 꽃이 피어나 있다

어느 시골 장터나
시장바닥에서 왁자지껄
아직은 주고받는 입김이 튀어나오고
국밥집 식당이나 집집마다 주방에서
딸그락 김이 서려 오르고

어느 공장 굴뚝에서 연기가 솟고
분주히 오가는 자동차에서
내뿜는 매연과 소음 속에
인파의 물결은 끝없이 이어지고
한쪽에서는 매일같이 떼 지어
볼멘 함성 소리에
달아오르는 연기가 솟아오르고

학교나 학원에서 책 읽는 소리와
교회나 성당 또는 불당에서
경 읽는 입김이 피어오르고
이 모든 열감이 하늘에서
때로는 세찬 바람을 만나
흰 구름 먹구름이 비구름 되어
어느 날 갑자기 태풍이 몰아치고
장마가 져 온 세상이 아우성치지만

사람들이 살아가는 데는 밥물이 되고
밀가루 반죽물이 되기도 한다

—「밥물이 되어」 전문

아우성치는 현실 속에서 누가 먼저 희생의 삶을 화두로 던질 수 있을까. 그럼에도 시인은 세상의 밥물이 되기를 자청한다. 따뜻한 밥 한 그릇을 만드는 밥물이 되기를 갈구하고 있다. 단출한 밥상, 국밥집 식당이나 집집마다 주방에서 달그락 김이 서려 인간의 향기를 내뿜을 수 있는 근원적 재료, 밥물이 되고 싶어 한다. 사람들이 살아가는 데 꼭 필요한 밥물이 되고, 밀가루 반죽이 되기를 열망하고 있다.

세상은 경쟁구도 속에서 나날이 발전하고 있다. 이상엽 시인의 시어들에서 바다를 움직이게 만드는 회유의 거대한 시적 미학이 발견되고 있다. 그 회유의 시적 미학으로 독자들과 상생의 즐거움을 공유하고자 한다.

문학세계대표작가선 799

모래알 하나가

이상엽 제2시집

인쇄 1판 1쇄 2017년 2월 8일
발행 1판 1쇄 2017년 2월 15일

지 은 이 : 이상엽
펴 낸 이 : 김천우
펴 낸 곳 : 도서출판 천우
등 록 : 1992. 2. 15. 제1-1307호
주 소 : 서울시 성동구 무학봉28길 6 금용빌딩 2F
전 화 : 02)2298-7661
팩 스 : 02)2298-7665
http://www.moonhaknet.com
E-mail : chunwo@hanmail.net

값 8,000원

ISBN 978-89-7954-660-6

이 도서의 국립중앙도서관 출판예정도서목록(CIP)은 서지정보유통지원시스템 홈페이지(http://seoji.nl.go.kr)와 국가자료공동목록시스템(http://www.nl.go.kr/kolisnet)에서 이용하실 수 있습니다. (CIP제어번호: CIP2017003163)